Impressum
Verlag: BABADADA GmbH, Nedderfeld 112 , 22529 Hamburg
Geschäftsführer / Verlagsleitung: Harald Hof
Druck: Books on Demand GmbH, In de Tarpen 42, 22848 Norderstedt

Imprint
Publisher: BABADADA GmbH, Nedderfeld 112 , 22529 Hamburg, Germany
Managing Director / Publishing direction: Harald Hof
Print: Books on Demand GmbH, In de Tarpen 42, 22848 Norderstedt

shkolla
okul

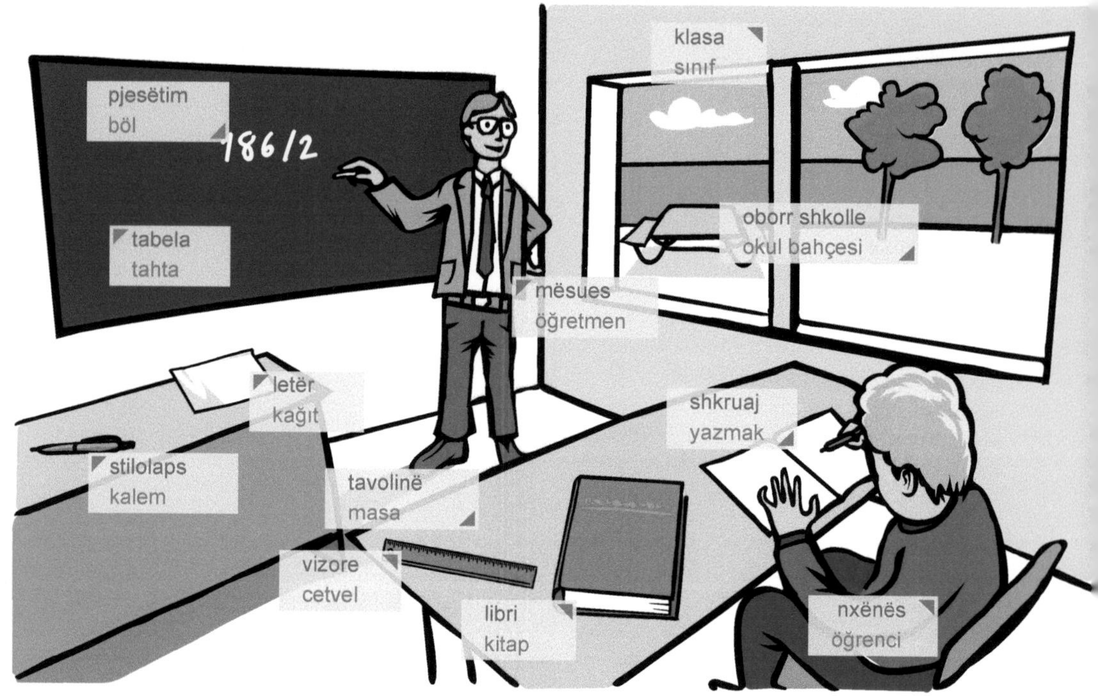

klasa
sınıf
pjesëtim
böl
186/2
tabela
tahta
oborr shkolle
okul bahçesi
mësues
öğretmen
letër
kağıt
shkruaj
yazmak
stilolaps
kalem
tavolinë
masa
vizore
cetvel
libri
kitap
nxënës
öğrenci

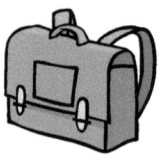

çantë

okul çantası

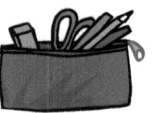

mbajtëse lapsash

kalemlik

laps

kurşun kalem

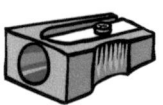

mprehës lapsash

kalem açacağı

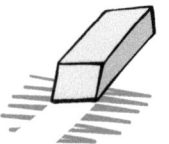

gomë

silgi

fletore vizatimi

çizim defteri

vizatim
çizim

penel
resim fırçası

kuti bojërash
boya kutusu

gërshërë
makas

ngjitës
tutkal

fletore detyrash
alıştırma kitabı

detyrë shtëpie
ödev

numër
sayı

mbledh
ekle

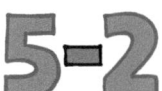

zbres
çıkar

shumëzoj
çarp

llogaris
hesapla

gërmë
harf

alfabeti
alfabe

fjalë
kelime

tekst

metin

lexoj

okumak

shkumës

tebeşir

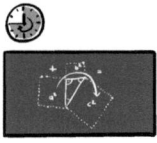

mësim

ders

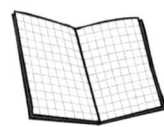

regjistër

kayıt

provim

sınav

çertifikatë

sertifika

uniformë shkolle

okul forması

arsimim

eğitim

enciklopedia

ansiklopedi

universitet

üniversite

mikroskop

mikroskop

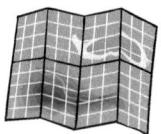

hartë

harita

kosh letrash

kağıt çöp kutusu

udhëtim
seyahat

hotel
otel
Grand
bujtinë
pansiyon
ROOMS
CHANGE
pikë këmbimi valutor
döviz bürosu
valixhe
bavul
makinë
otomobil

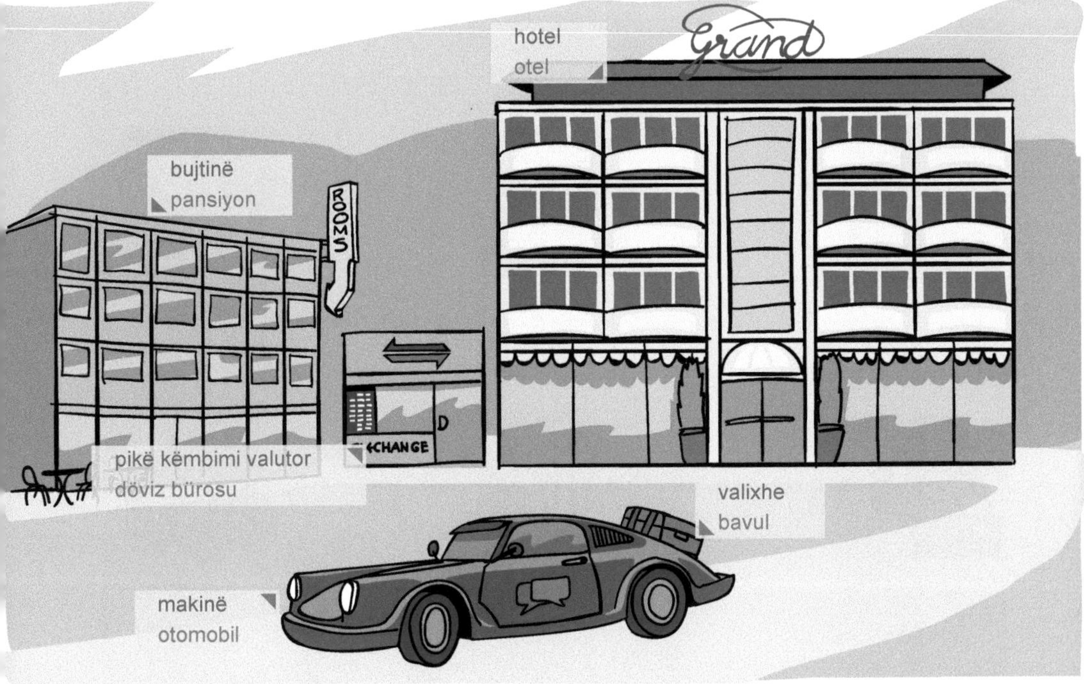

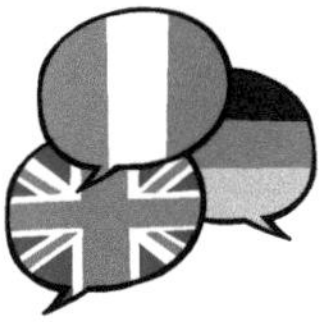

gjuhë
dil

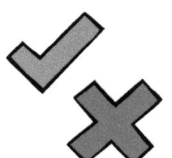

po / jo
evet / hayır

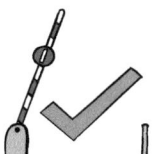

Në rregull
Tamam

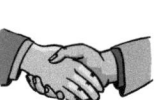

ç'kemi
merhaba

përkthyes
çevirmen

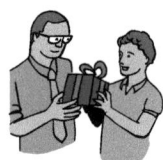

Faleminderit
Teşekkür ederim

sa kushton…?

bu … ne kadar?

nuk e kuptoj

anlamadım

problem

problem

Mirëmbrëma!

İyi akşamlar!

Mirëmëngjes!

Günaydın!

Natën e mirë!

İyi geceler!

mirupafshim

güle güle

drejtim

yön

bagazhet

bagaj

çantë

çanta

çantë shpine

sırt çantası

mysafir

misafir

dhomë

oda

thes gjumi

uyku tulumu

tendë

çadır

informacion për turistët

turist danışma

plazh

sahil

kartë krediti

kredi kartı

mëngjes

kahvaltı

drekë

öğle yemeği

darkë

akşam yemeği

Biletë

Bilet

ashensor

asansör

pulla

pul

kufi

sınır

doganë

gümrük

ambasadë

elçilik

vizë

vize

pasaportë

pasaport

transport
ulaşım

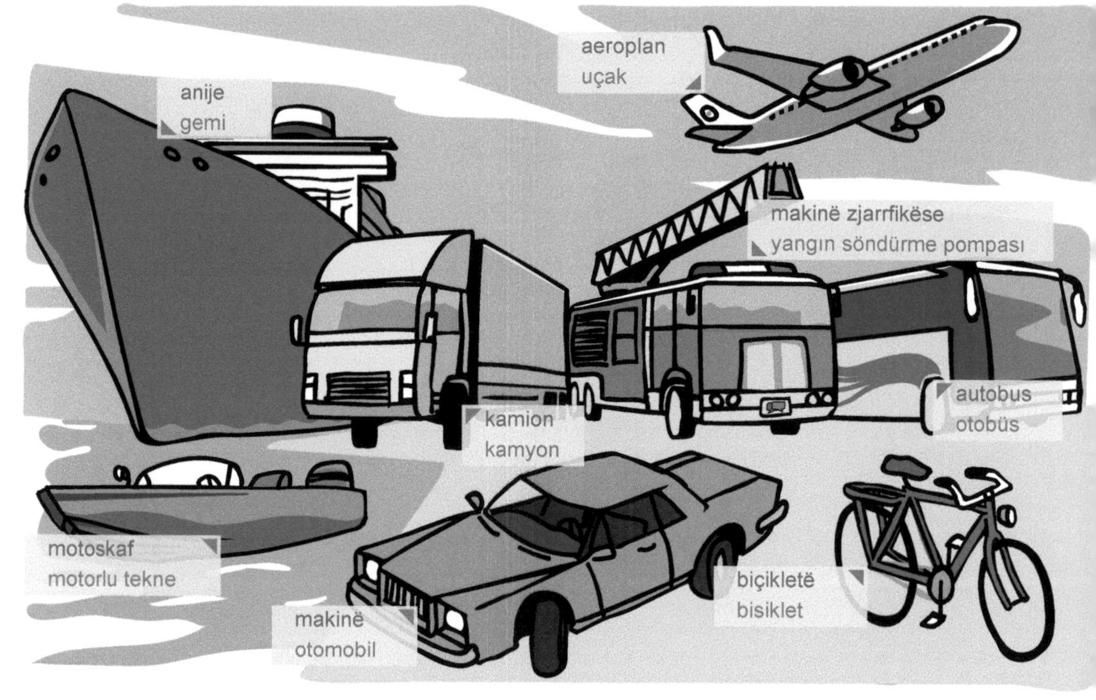

aeroplan
uçak
anije
gemi
makinë zjarrfikëse
yangın söndürme pompası
kamion
kamyon
autobus
otobüs
motoskaf
motorlu tekne
biçikletë
bisiklet
makinë
otomobil

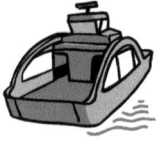

traget

feribot

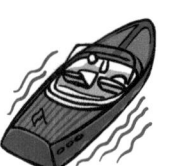

varkë

bot

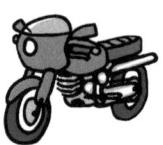

motoçikletë

motosiklet

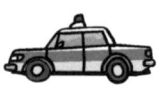

makinë policie

polis arabası

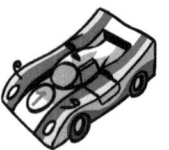

makinë garash

yarış arabası

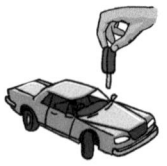

makinë me qira

kiralık araba

ndarje e qirasë së makinës
....
ortak araba

karroatrec
....
çekici

makinë plehrash
....
çöp kamyonu

motor
....
motor

benzinë
....
yakıt

pikë karburanti
....
benzinlik

sinjalistikë trafiku
....
trafik işareti

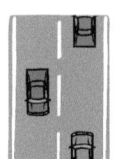

trafik
....
trafik

bllokim trafiku
....
trafik sıkışıklığı

parkim makinash
....
otopark

stacion treni
....
tren istasyonu

trase
....
ray

tren
....
tren

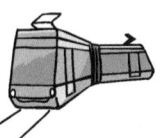

tramvaj
....
tramvay

karro
....
vagon

helikopter

helikopter

aeroport

havaalanı

kullë

kule

pasagjer

yolcu

kontenier

konteyner

kuti kartoni

koli

qerre

yük arabası

shportë

sepet

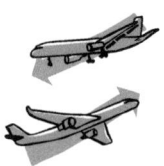

ngrihem / ulem

kalkış / iniş

qytet
şehir

fshat

köy

qendra e qytetit

şehir merkezi

shtëpi

ev

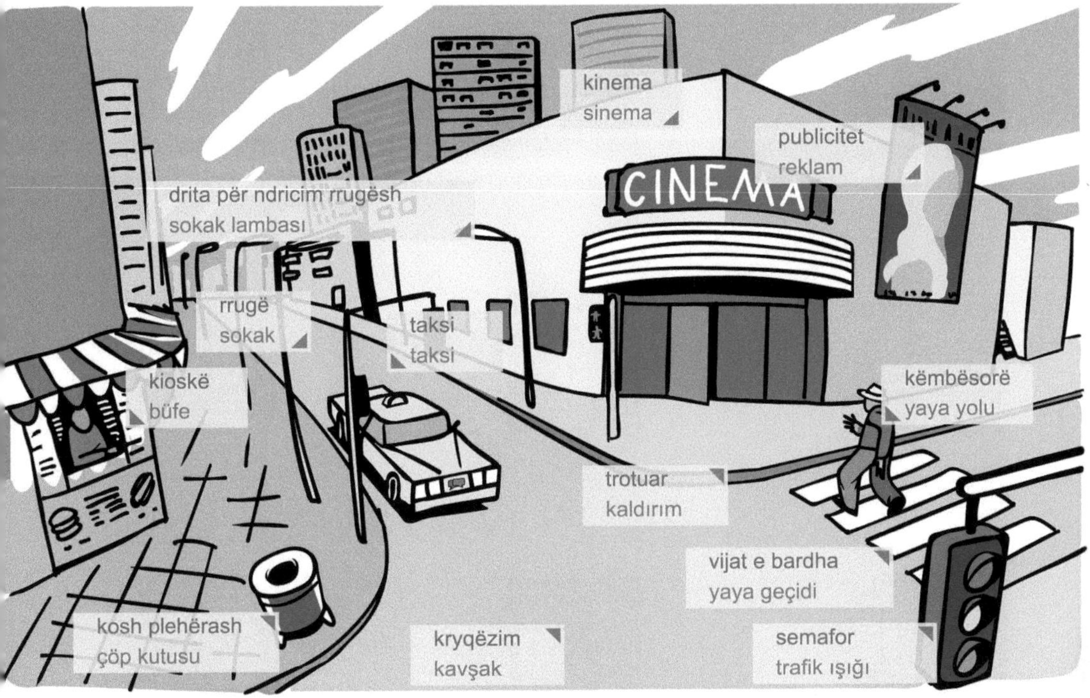
kinema
sinema
CINEMA
publicitet
reklam
drita për ndricim rrugësh
sokak lambası
rrugë
sokak
taksi
taksi
kioskë
büfe
këmbësorë
yaya yolu
trotuar
kaldırım
vijat e bardha
yaya geçidi
kosh plehërash
çöp kutusu
kryqëzim
kavşak
semafor
trafik ışığı

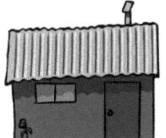

kasolle

kulübe

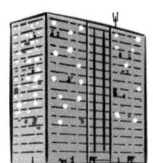

apartament

apartman dairesi

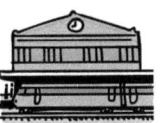

stacion treni

tren istasyonu

bashki

belediye binası

MUSEUM

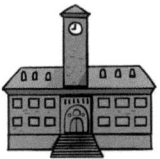

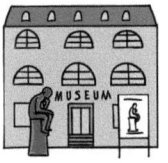

muze

müze

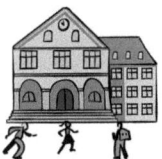

shkolla

okul

universitet

üniversite

bankë

banka

spital

hastane

hotel

otel

farmaci

eczane

zyrë

ofis

librari

kitapçı

dyqan

mağaza

dyqan lulesh

çiçekçi

supermarket

süpermarket

market

market

mapo

büyük mağaza

dyqan peshku

balık satıcısı

qëndër tregtare

alışveriş merkezi

port

liman

park
park

stol
bank

urë
köprü

shkallë
merdiven

metro
metro

tunel
tünel

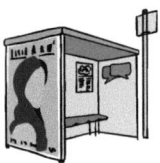

stacion autobuzi
otobüs durağı

bar
bar

restorant
restoran

kuti postare
posta kutusu

sinjalistikë rrugore
sokak tabelası

kohëmatës parkimi
otopark sayacı

kopsht zoologjik
hayvanat bahçesi

pishinë
yüzme havuzu

xhami
cami

fermë
çiftlik

ndotje
kirlilik

varrezë
mezarlık

kishë
kilise

shesh lojërash
oyun alanı

tempull
tapınak

peisazh
arazi

gjethe
yaprak

tabela orientuese
yön tabelası

rrugë
yol

livadh
çayır

gurë
taş

pemë
ağaç

ekskursionist
yürüyüşçü

lumë
ırmak

bar
çimen

lule
çiçek

luginë
vadi

kodër
tepe

liqen
göl

pyll
orman

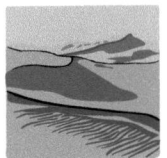

shkretëtirë
çöl

vullkan
volkan

kështjellë
kale

ylber
gökkuşağı

kepudhë
mantar

palmë
palmiye

mushkonjë
sivrisinek

mizë
sinek

milingonë
karınca

bletë
arı

merimangë
örümcek

brumbull

böcek

bretkosë

kurbağa

ketër

sincap

iriq

kirpi

lepur

yabani tavşan

buf

baykuş

zog

kuş

mjellmë

kuğu

derr i egër

yaban domuzu

dre

geyik

dre brilopatë

geyik

digë

baraj

turbinë ere

rüzgar türbini

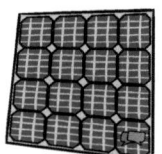

panel diellor

güneş paneli

klimë

iklim

restorant
restoran

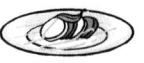

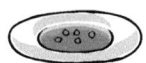

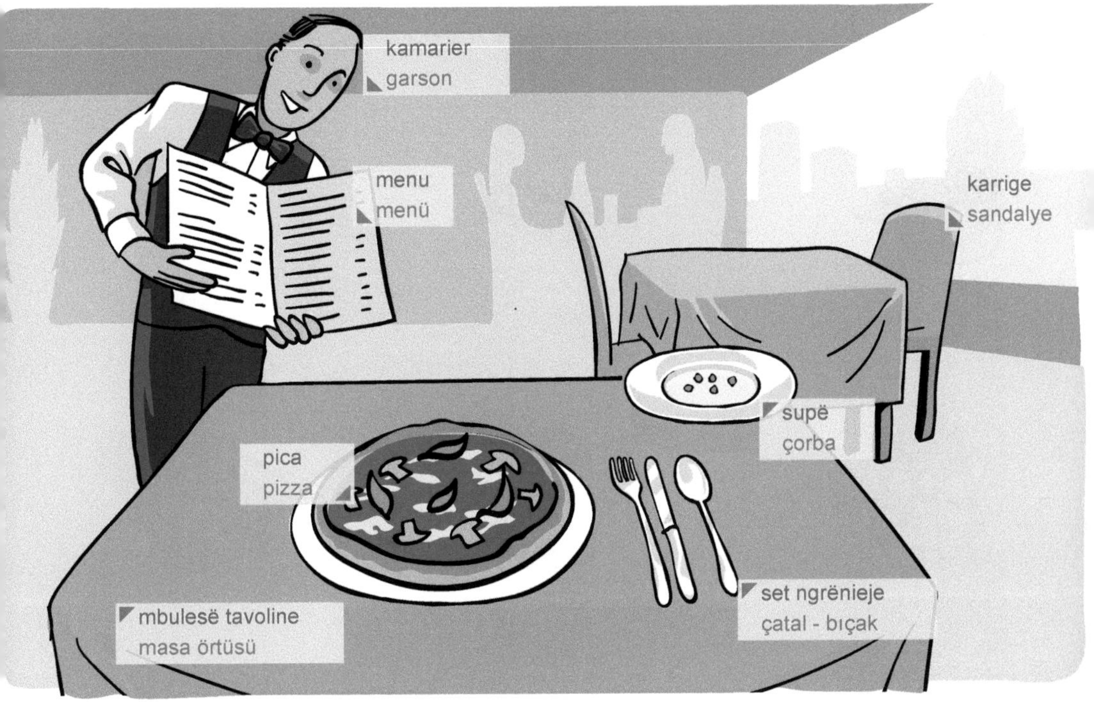

kamarier
garson
menu
menü
karrige
sandalye
supë
çorba
pica
pizza
mbulesë tavoline
masa örtüsü
set ngrënieje
çatal - bıçak

pjatë e parë

başlangıç

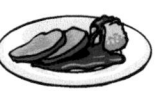

pjatë kryesore

ana yemek

ëmbëlsirë

tatlı

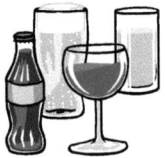

pije

içecekler

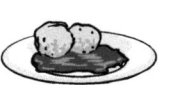

ushqim

yemek

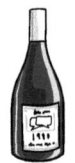

shishe

şişe

ushqim i shpejtë

fastfood

ushqim i shërbyer në rrugë

sokak yemeği

ibrik çaji

çaydanlık

kuti sheqeri

şekerlik

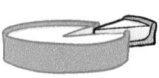

racion

porsiyon

makinë kafeje ekspres

espresso makinesi

karrige e lartë

mama sandalyesi

faturë

fatura

tabaka

tepsi

thika

bıçak

pirun

çatal

lugë

kaşık

lugë çaji

çay kaşığı

pecetë

servis peçetesi

gotë

bardak

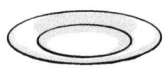

pjatë

tabak

pjatë supe

çorba kasesi

pjatë filxhani

fincan altlığı

salcë

sos

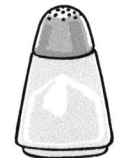

mbajtëse kripe

tuzluk

mulli piperi

karabiber değirmeni

uthull

sirke

vaj

yağ

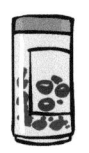

erëza

baharat

keçap

ketçap

mustardë

hardal

majonezë

mayonez

supermarket
süpermarket

ofertë speciale
özel teklif
FOR
klient
müşteri
produkte bulmeti
süt ürünleri
frut
meyve
karrocë pazari
alışveriş arabası

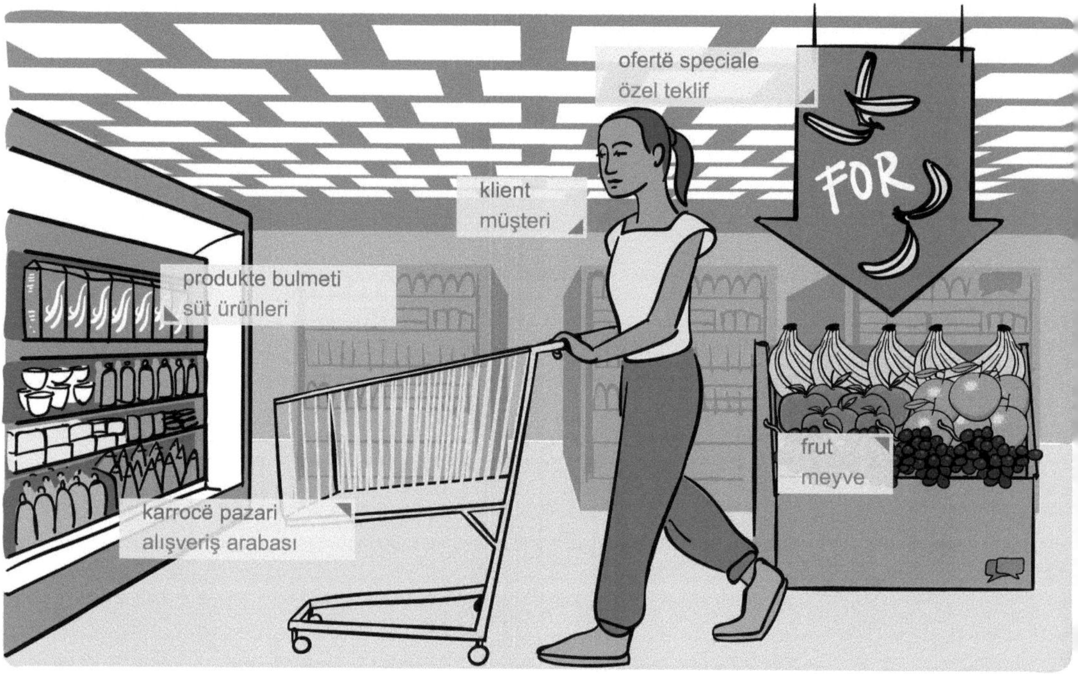

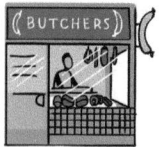

BUTCHERS

dyqan mishi

kasap

BAKERY

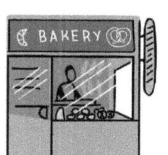

furrë buke

fırın

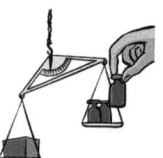

peshoj

tartmak

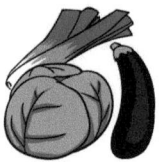

perime

sebze

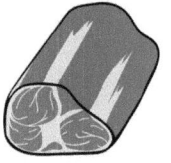

mish

et

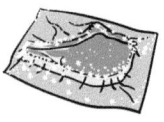

ushqim i ngrirë

donmuş gıda

copë
söğüş et

ushqim i konservuar
konserve yiyecek

pluhur larës
toz deterjan

ëmbëlsirat
şekerlemeler

prodhime shtëpie
ev temizlik ürünleri

produkte pastrimi
temizlik ürünleri

shitëse
satış görevlisi

kasë fiskale
yazar kasa

arkëtar
kasiyer

listë blerjeje
alışveriş listesi

oraret e punës
açılış saatleri

portofol
cüzdan

kartë krediti
kredi kartı

çantë
çanta

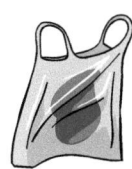

qese plastike
plastik poşet

ujë
su

lëng frutash
meyve suyu

qumësht
süt

koka-kola
kola

verë
şarap

birrë
bira

alkool
alkol

kakao
kakao

çaj
çay

kafe
kahve

kafe ekspres
espresso

kapuçino
kapuçino

banane

muz

mollë

elma

portokalle

portakal

pjepër

kavun

limon

limon

karrotë

havuç

hudhër

sarımsak

bambu

bambu

qepë

soğan

kërpudha

mantar

arra

çerez

makarona

makarna

spageti

spagetti

oriz

pirinç

sallatë

salata

patate të skuqura

cips

patate të skuqura

patates kızartması

pica

pizza

hamburger

hamburger

sanduiç

sandviç

shnicel

şinitzel

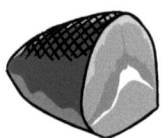

proshutë

pastırma

sallam

salam

salçiçe

sosis

pulë

tavuk

skuq

rosto

peshk

balık

tërshërë

yulaf ezmesi

drithëra

müsli

kornfleiks

mısır gevreği

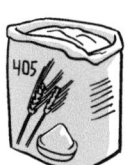

miell

un

kruasant

kruvasan

panine

küçük ekmek

bukë

ekmek

tost

tost

biskotë

bisküvi

gjalp

tereyağı

gjizë

kaymak

tortë

kek

vezë

yumurta

vezë sy

sahanda yumurta

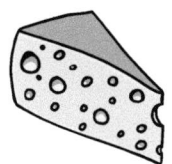

djathë

peynir

akullore

dondurma

sheqer

şeker

mjaltë

bal

marmaladë

reçel

çokokrem

fındık ezmesi

këri

köri

shtëpi fermë
çiftlik evi

deng bari
sap toplama makinesi

hangar
tahıl ambarı

fushë
tarla

kal
at

rimorkio
römork

kërriç
tay

traktor
traktör

gomar
eşek

dele
koyun

qengj
kuzu

dhi
....
keçi

lopë
....
inek

viç
....
buzağı

derr
....
domuz

derrkuc
....
domuz yavrusu

dem
....
boğa

patë

kaz

rosë

ördek

zog pule

civciv

pulë

tavuk

gjel

horoz

mi

sıçan

mace

kedi

mi

fare

buall

öküz

qen

köpek

kolibe qeni

köpek kulübesi

zorrë vaditëse

bahçe hortumu

vaditëse

sulama kabı

kosë

tırpan

plug

pulluk

drapër
orak

shat
çapa

kosa
dirgen

sëpatë
balta

karrocë
el arabası

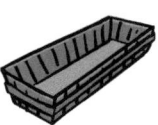

govatë
yemlik

bidon qumështi
süt kovası

thes
çuval

gardh
çit

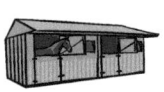

ahur
ahır

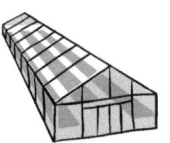

serë
sera

dhe
toprak

farë
tohum

pleh
gübre

autokombanjë
biçerdöver

korr
....
hasat etmek

te korrat
....
harman

patate e ëmbël "Yam"
....
tatlı patates

grurë
....
buğday

soja
....
soya

patate
....
patates

misër
....
mısır

raps
....
kolza

pemë frutore
....
meyve ağacı

zhardhok manioku
....
manyok

drithëra
....
hububat

shtëpi

ev

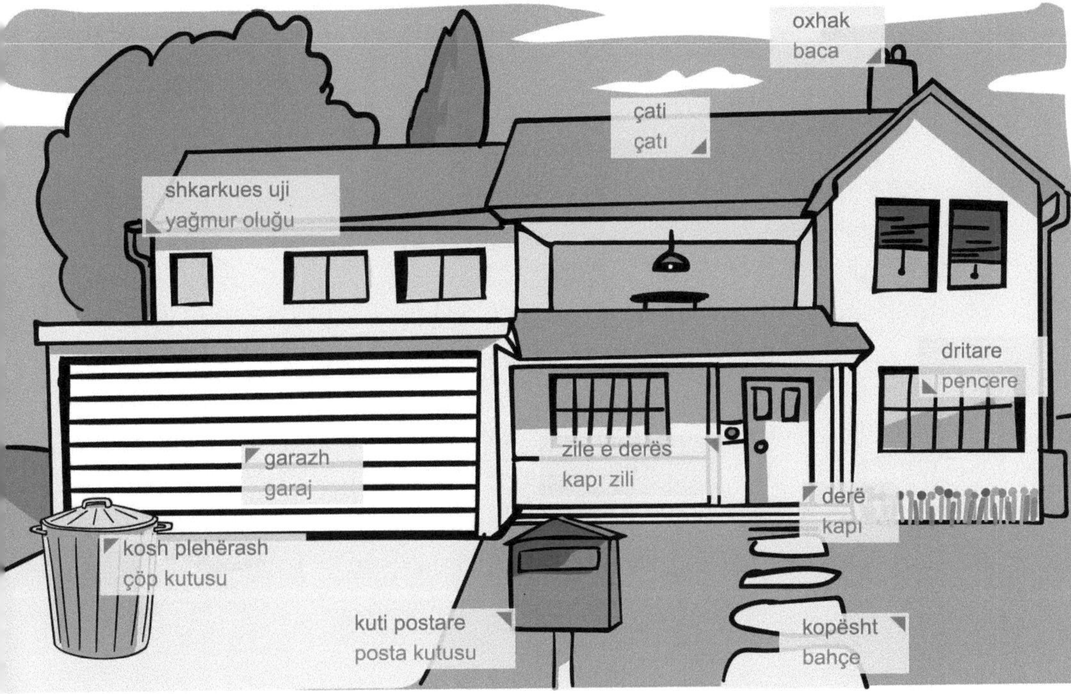
oxhak
baca
çati
çatı
shkarkues uji
yağmur oluğu
dritare
pencere
garazh
garaj
zile e derës
kapı zili
derë
kapı
kosh plehërash
çöp kutusu
kuti postare
posta kutusu
kopësht
bahçe

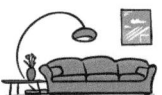

dhomë ndenjeje

oturma odası

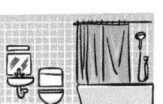

tualet

banyo

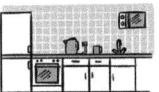

kuzhinë

mutfak

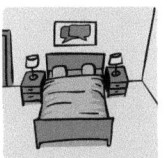

dhomë gjumi

yatak odası

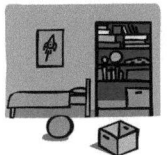

dhomë fëmijësh

çocuk odası

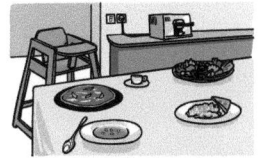

dhomë ngrënieje

yemek odası

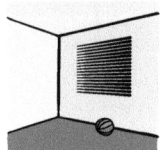

dysheme
zemin

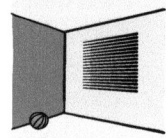

mur
duvar

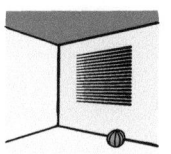

tavan
tavan

bodrum
kiler

sauna
sauna

ballkon
balkon

tarracë
teras

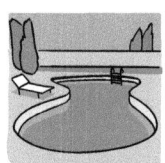

pishinë
havuz

kositëse bari
çim biçme makinesi

çarçaf
çarşaf

kuvertë
yatak örtüsü

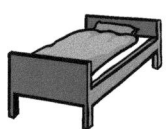

krevat
yatak

fshesë dore
süpürge

kovë
kova

çelës
anahtar

dhomë ndenjeje
oturma odası

tapiceri
duvar kağıdı
fotografi
resim
llambë
lamba
raft
raf
dollap
dolap
pajisje televizive
televizyon
vatër
şömine
lule
çiçek
jastëk
minder
divan
kanepe
vazo
vazo
telekomandë
uzaktan kumanda

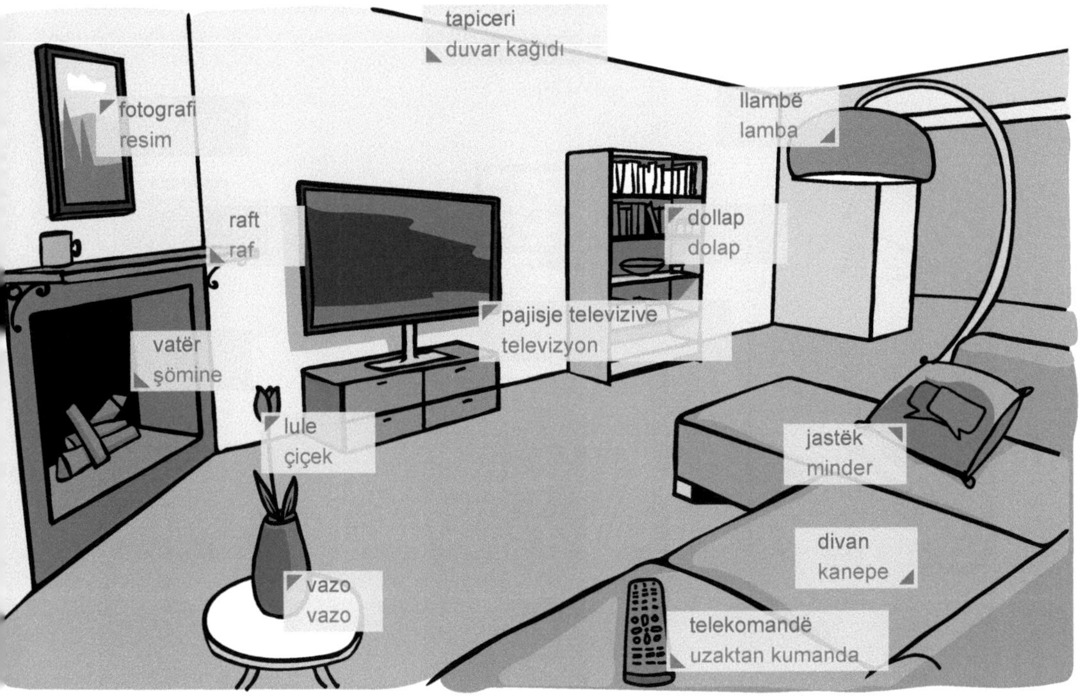

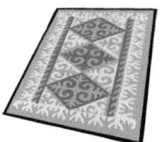

qilim

halı

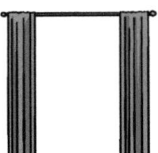

perde

perde

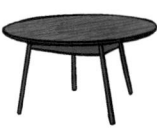

tavolinë

masa

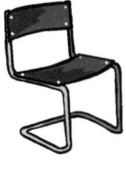

karrige

sandalye

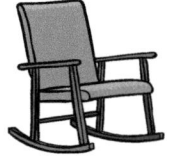

karrige lëkundëse

salıncaklı koltuk

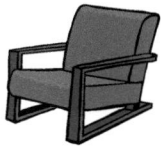

kolltuk

koltuk

libri

kitap

batanije

battaniye

zbukurime

dekor

dru zjarri

odun

film

film

stereo

hi-fi

çelës

anahtar

gazetë

gazete

pikturë

tablo

afishe

poster

radio

radyo

bllok shënimesh

defter

fshesë me korent

elektrikli süpürge

kaktus

kaktüs

qiri

mum

kuzhinë
mutfak

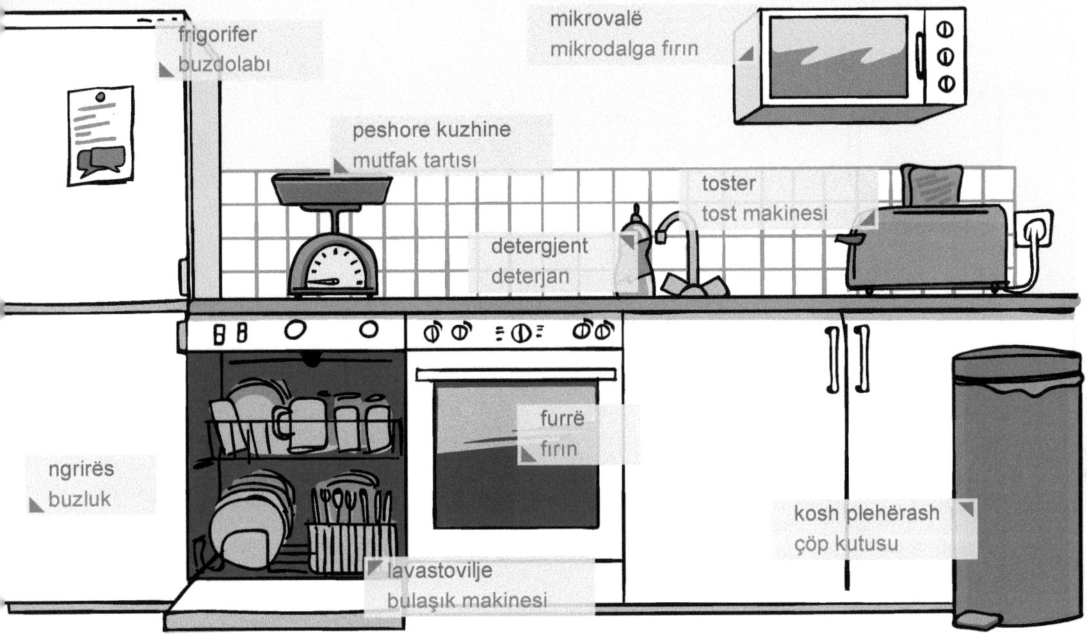

frigorifer
buzdolabı
mikrovalë
mikrodalga fırın
peshore kuzhine
mutfak tartısı
toster
tost makinesi
detergjent
deterjan
furrë
fırın
ngrirës
buzluk
kosh plehërash
çöp kutusu
lavastovilje
bulaşık makinesi

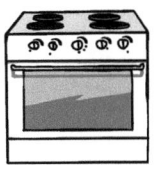

sobë

ocak

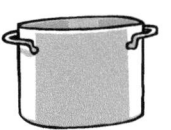

tenxhere

tencere

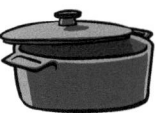

tenxhere me kapak

döküm tencere

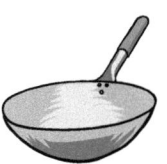

tigan special (Wok)

wok

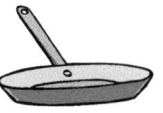

tigan

tava

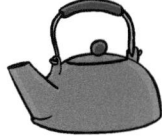

çajnik

su ısıtıcı

tenxhere me avull

buharlı pişirici

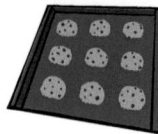

tavë pjekjeje

pişirme tepsisi

enë

tabak takımı

filxhan

kupa

tas

kase

shkopinj

çubuk (çin yemeği)

garuzhde

kepçe

spatul

spatula

tel kuzhine

çırpma teli

kulluese

süzgeç

sitë

elek

rende

rende

havan

havan

skarë

barbekü

zjarr

açık ateş

dërrasë për prerje

kesme tahtası

okllai

merdane

heqëse tapash

tirbüşon

kanaçe

konserve kutusu

hapëse kanaçeje

konserve açacağı

rrobë për të kapur
tenxheren

fırın eldiveni

lavaman

evye

furçë

fırça

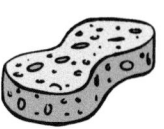

sfungjer

sünger

përzjerës

blender

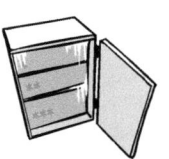

ngrirës

derin dondurucu

biberon për lëngje

biberon

rubinet

musluk

kuzhinë - mutfak

tualet
banyo

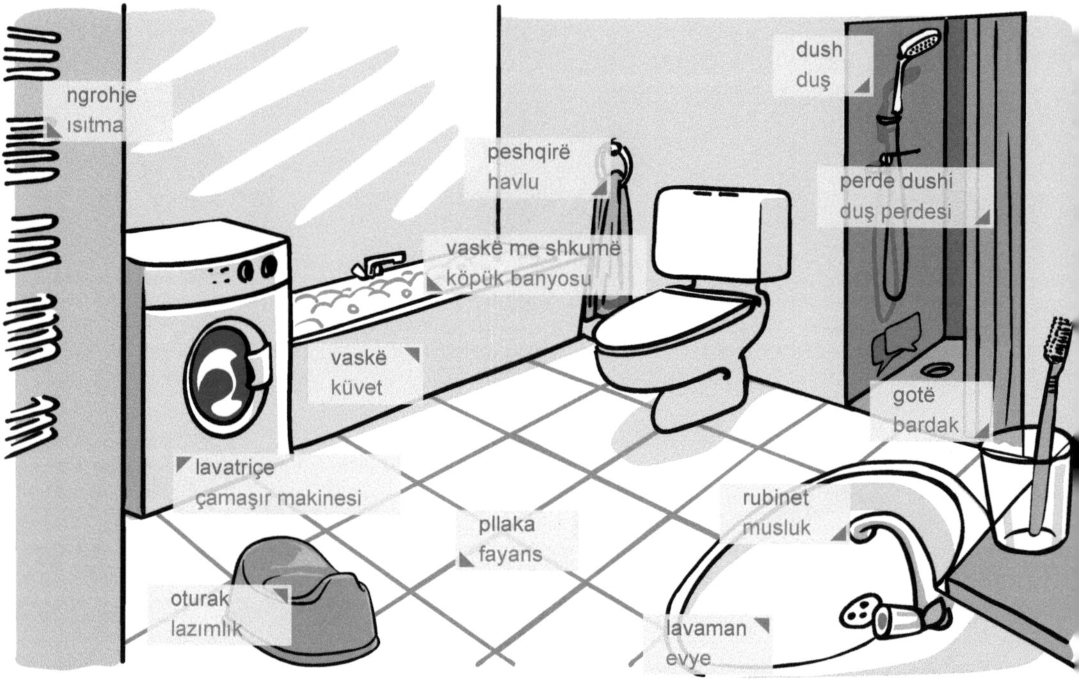
ngrohje
ısıtma
dush
duş
peshqirë
havlu
perde dushi
duş perdesi
vaskë me shkumë
köpük banyosu
vaskë
küvet
gotë
bardak
lavatriçe
çamaşır makinesi
rubinet
musluk
pllaka
fayans
oturak
lazımlık
lavaman
evye

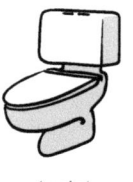

tualet
tuvalet

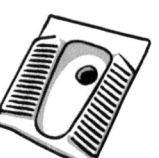

WC e sheshtë
alaturka tuvalet

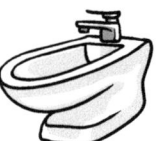

bide
bide

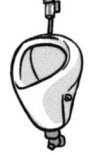

tualet publik
pisuvar

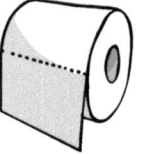

letër higjienike
tuvalet kağıdı

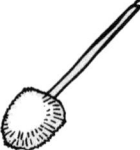

furçe për WC
tuvalet fırçası

furçë dhëmbësh

diş fırçası

pastë dhëmbësh

diş macunu

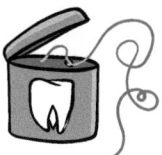

fije dentare

diş ipi

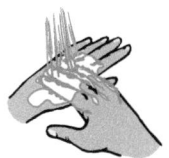

laj

yıkamak

dorezë dushi

duş başlığı

larës për zonën intime

duş başlığı şeklinde taharet musluğu

legen

küvet

furçë për masazh shpine

banyo fırçası

sapun

sabun

shampo trupi

duş jeli

shampo

şampuan

leckë pastruese

banyo lifi

kullues

gider

krem

krem

antidjersë

deodorant

pasqyrë

ayna

pasqyrë dore

el aynası

brisk rroje

jilet

shkumë rroje

tıraş köpüğü

locion pas rrojes

tıraş losyonu

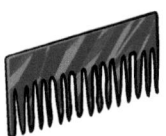

krehër

tarak

furçë

fırça

tharëse flokësh

saç kurutma makinesi

llak për flokët

saç spreyi

grim

makyaj

buzëkuq

ruj

manikyr

tırnak cilası

mbushje pambuku

pamuk

gërshërë për thonj

tırnak makası

parfum

parfüm

çantë për sendet personale

makyaj çantası

Stol

tabure

peshore

tartı

robëdëshambër

bornoz

dorashka gome

lastik eldiven

tampon

tampon

peceta higjienike

kadın pedi

tualet I lëvizshëm

kimyevi tuvalet

dhomë fëmijësh

çocuk odası

orë me zile
çalar saat
lodra me pellushë
peluş oyuncak
makinë lodër
oyuncak araba
rraketake
çıngırak
shtëpi kukullash
bebek evi
dhuratë
hediye

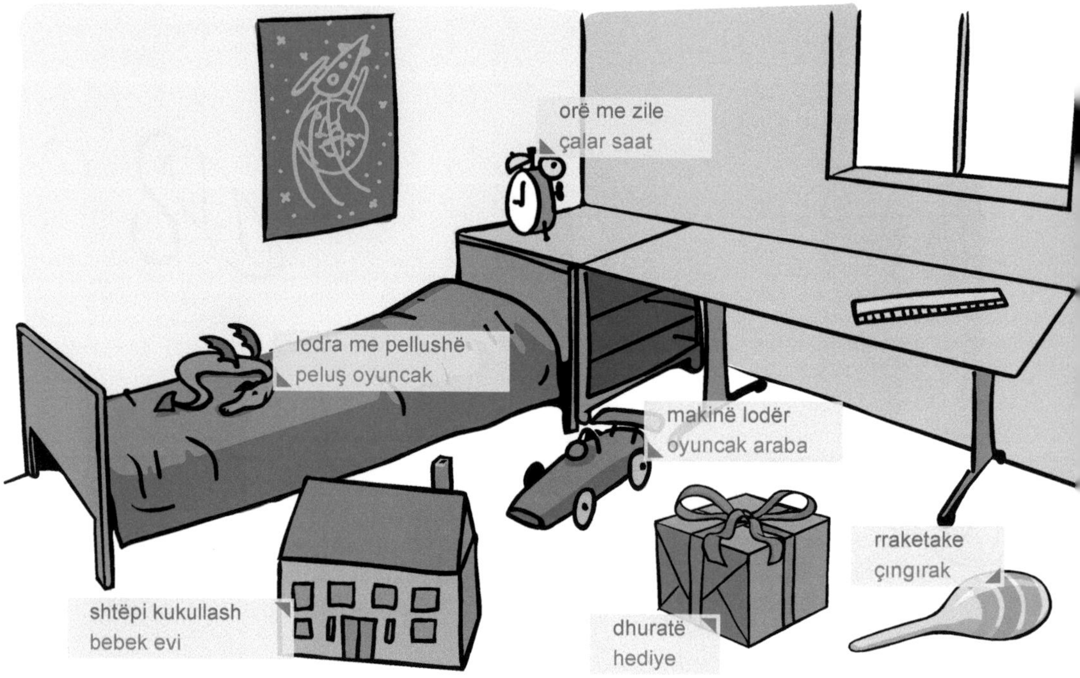

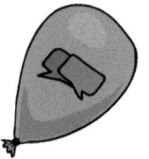

tollumbace

balon

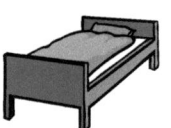

krevat

yatak

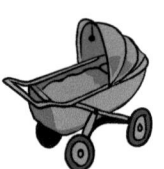

karrocë fëmijësh

bebek arabası

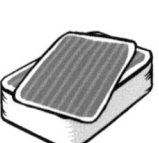

lojë me letra

kart destesi

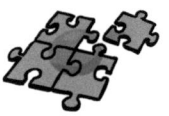

bashkim pjesësh me figura

yapboz

SUPER
MEGA

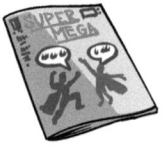

komik

çizgi roman

formuese lodër

lego tuğlaları

kuba plastikë

lego blokları

lodra

aksiyon figürü

badi

zıbın

frizbi

frizbi

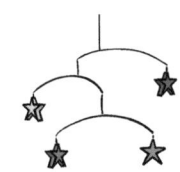

lodra të varura tek krevati i fëmijëve

dönence

tavolinë lojërash

masa oyunu

zare

zar

model treni

model tren seti

biberon

emzik

festë

parti

libër me ilustrime

resimli kitap

top

top

kukull

oyuncak bebek

luaj

oynamak

grumbull rëre

kum havuzu

kolovarëse

salıncak

lodra

oyuncaklar

leva për lojra video

video oyun konsolu

triçikël

üç tekerlekli bisiklet

arush prej pellushi

oyuncak ayı

garderobë

gardırop

çorape

çorap

çorape të gjata

külotlu çorap

geta

tayt

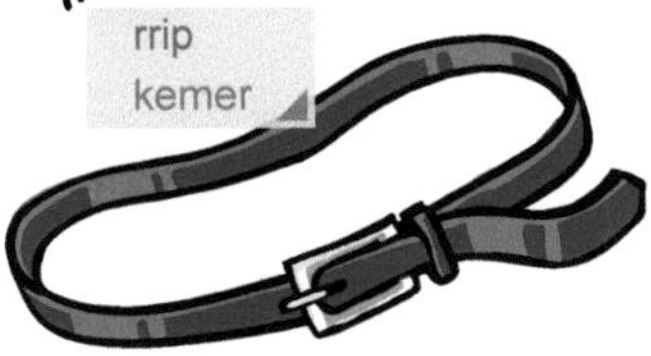

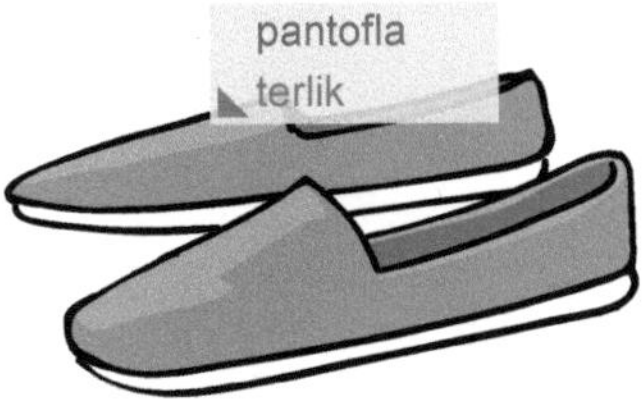

shall
eşarp

çadër
şemsiye

rrip
kemer

bluzë pa jakë
tişört

çizme
bot

pantofla
terlik

atlete
spor ayakkabı

sandale
sandalet

këpucë
ayakkabı

çizme llastiku
lastik çizme

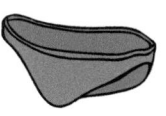

të mbathura
külot

reçipeta
sütyen

kanotierë
yelek

trup

dar bluz

pantallona

pantolon

xhinse

kot pantolon

fund

etek

bluzë

bluz

këmishë

gömlek

pulovër

kazak

triko

süveter

xhaketë

blazer

xhaketë

ceket

pallto

mont

mushama shiu

yağmurluk

kostum

kostüm

fustan

elbise

fustan nusërie

gelinlik

kostum

takım elbise

këmishë nate

gecelik

pizhama

pijama

sari (veshje tradicionale indiane)

sari

shami koke

baş örtüsü

çallmë

türban

veshje për femrat e besimit musliman

burka

kaftan (lloj veshjeje tradicionale)

kaftan

ferexhe

çarşaf

kostum banje

mayo

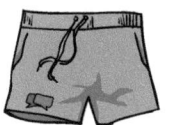

rroba banje

erkek mayosu

pantallona të shkurtra

şort

tuta sporti

eşofman

përparëse

önlük

dorashka

eldiven

kopsë

düğme

syze

gözlük

byzylyk

bilezik

gjerdan

kolye

unazë

yüzük

vath

küpe

kapuç

kep

varëse për pallto

portmanto

kapele

şapka

kravatë

kravat

zinxhir

fermuar

helmetë

kask

tiranda

pantolon askısı

uniformë shkolle

okul forması

uniformë

üniforma

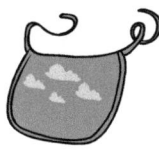

gushore

mama önlüğü

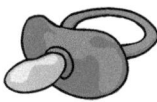

biberon

emzik

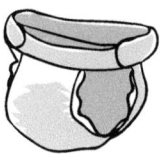

pelenë

bebek bezi

zyrë
ofis

server
sunucu
skedar
dosya dolabı
letër
kağıt
printer
yazıcı
ekran
monitör
maus
fare
tavolinë
masa
dosje
klasör
tastierë
klavye
kosh letrash
kağıt çöp kutusu
kompjuter
bilgisayar
karrige
sandalye

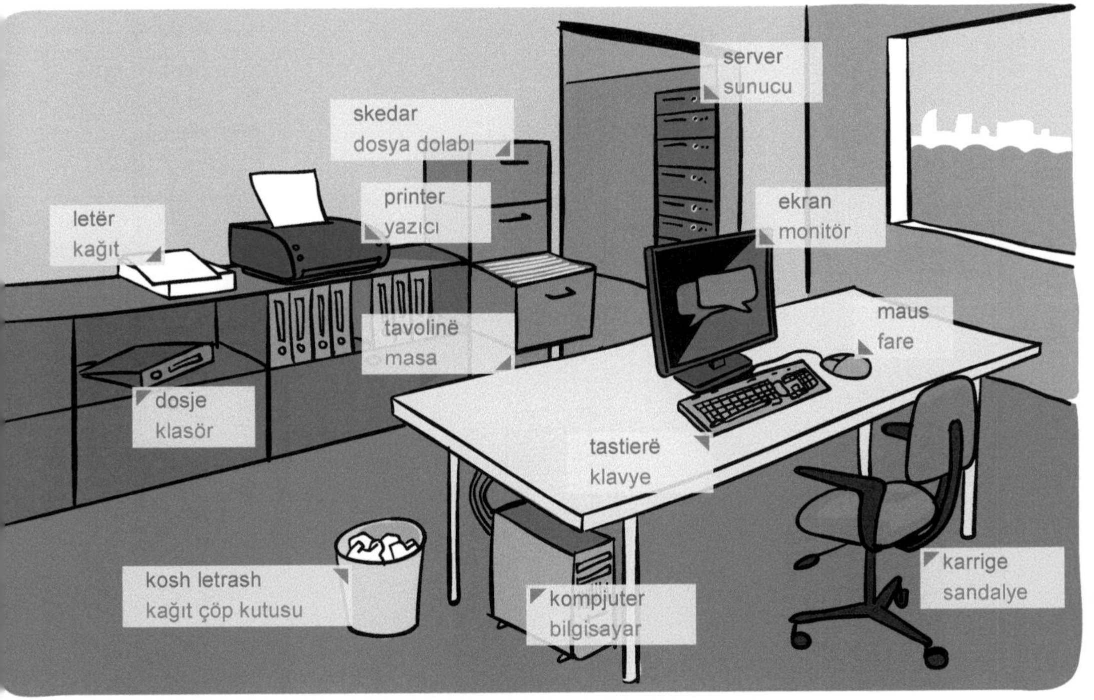

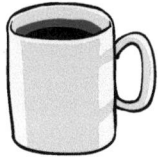

filxhan kafeje

kahve fincanı

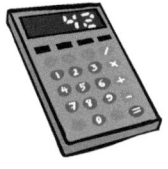

makinë llogaritëse

hesap makinesi

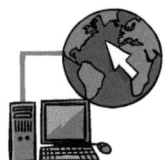

internet

internet

kompjuter portativ
dizüstü

letër
mektup

mesazh
mesaj

telefon
cep telefonu

rrjet
ağ

fotokopje
fotokopi makinesi

program
yazılım

telefon
telefon

prizë
priz

pajisje faksi
faks makinesi

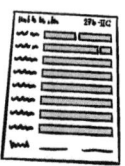

formular
form

dokument
belge

blej

satın almak

paguaj

ödemek

tregtoj

ticaret yapmak

para

para

dollar

dolar

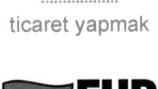

euro

avro

jen

yen

rubla

ruble

franga zvicerane

İsviçre frangı

juani kinez

Çin yuanı

rupje

rupi

bankomat

kasa

pikë këmbimi valutor

döviz bürosu

ar

altın

argjend

gümüş

nafta

petrol

energji

enerji

çmim

fiyat

kontratë

kontrat

taksë

vergi

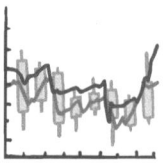

aksione

menkul değer

punoj

çalışmak

punonjës

işveren

punëdhënës

işçi

fabrikë

fabrika

dyqan

mağaza

profesionet
meslekler

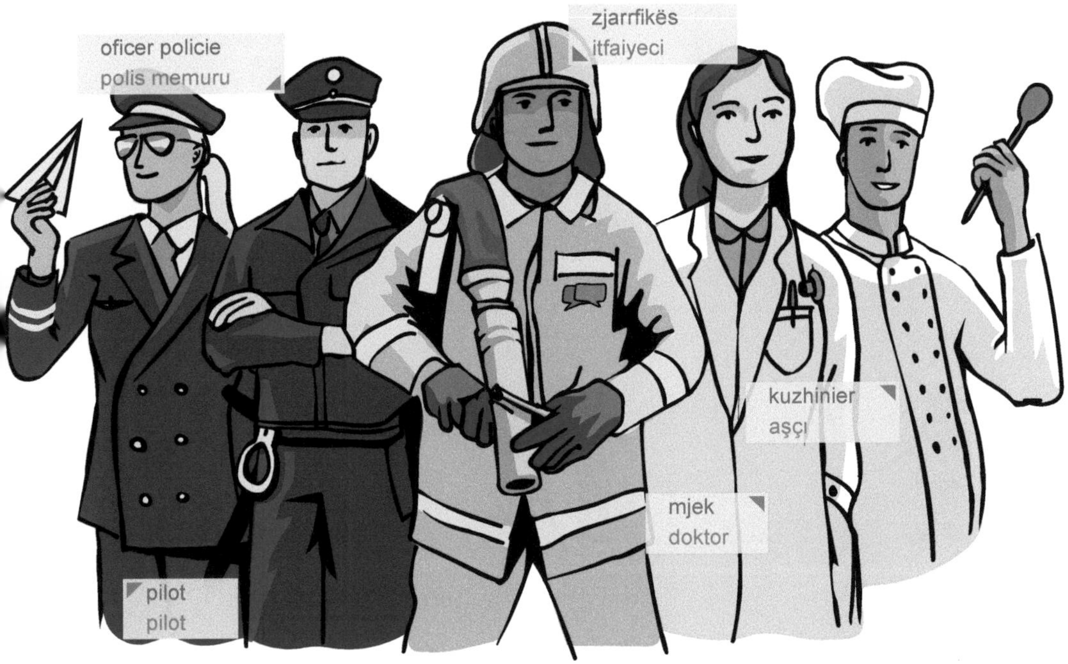
oficer policie
polis memuru
zjarrfikës
itfaiyeci
kuzhinier
aşçı
mjek
doktor
pilot
pilot

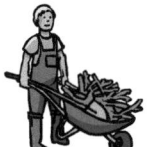

kopshtar

bahçıvan

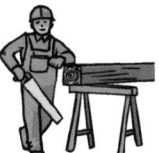

marangoz

marangoz

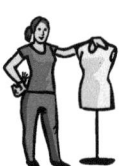

rrobaqepëse

terzi

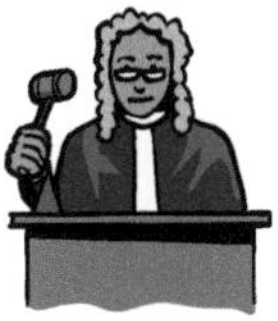

gjykatës

hakim

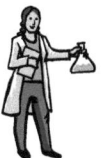

kimist

kimyager

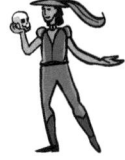

aktor

aktör

shofer autobuzi

otobüs şoförü

taksist

taksi şoförü

peshkatar

balıkçı

pastruese

temizlikçi

riparues çatish

çatı ustası

kamarier

garson

gjuetar

avcı

piktor

boyacı

furrxhi

fırıncı

elektriçist

elektrikçi

ndërtues

inşaatçı

inxhinier

mühendis

kasap

kasap

hidraulik

muslukçu

postieri

postacı

ushtar

asker

arkitekt

mimar

arkëtar

kasiyer

luleshitës

çiçekçi

berber

kuaför

kontrollor

kondüktör

mekanik

tamirci

kapiten

kaptan

dentist

dişçi

shkencëtar

bilim insanı

rabin

haham

imam

imam

murg

keşiş

klerik

rahip

mjete

aletler

çekiç
çekiç
pinca
penseler
kaçavidë
tornavida
çelës mekanik
İngiliz anahtarı
elektrik dore
el feneri

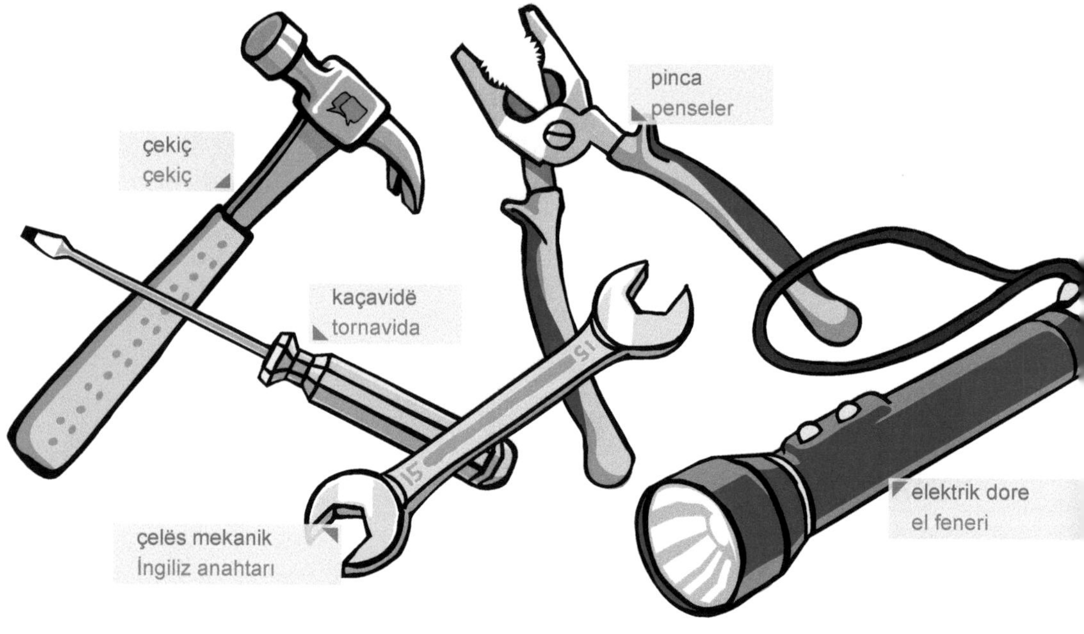

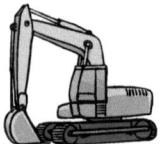

ekskavator

kazı makinesi

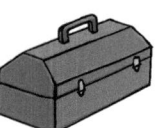

kuti veglash

alet çantası

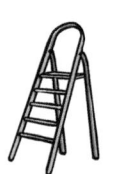

shkallë

merdiven

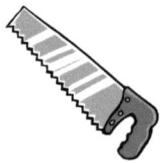

sharrë

testere

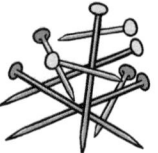

gozhdë

çiviler

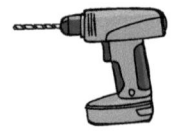

trapan

matkap

riparoj
tamir etmek

lopatë
kürek

Dreq!
Kahretsin!

kaci
faraş

kuti boje
boya tenekesi

vidhë
vidalar

instrumenta muzikorë
müzik enstrümanı

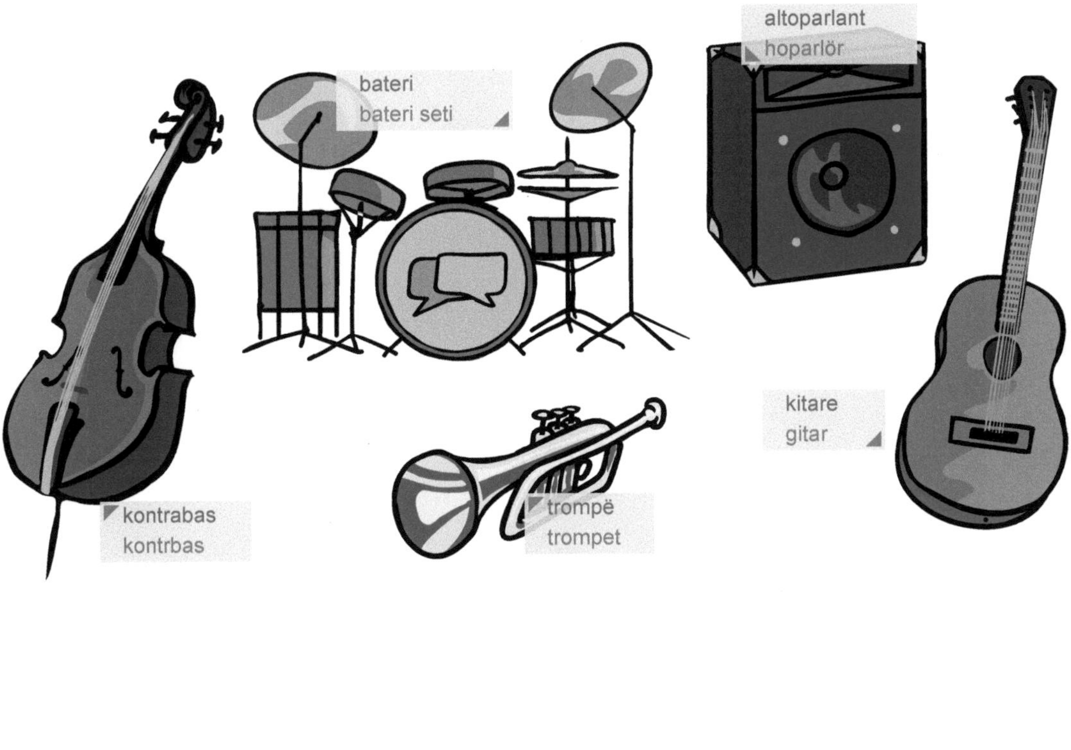

bateri
bateri seti

altoparlant
hoparlör

kontrabas
kontrbas

trompë
trompet

kitare
gitar

piano
piyano

violinë
keman

bas
basgitar

tamburë
timpani

daulle
bateri

tastierë pianoje
klavye

saksofon
saksafon

flaut
flüt

mikrofon
mikrofon

kopsht zoologjik
hayvanat bahçesi

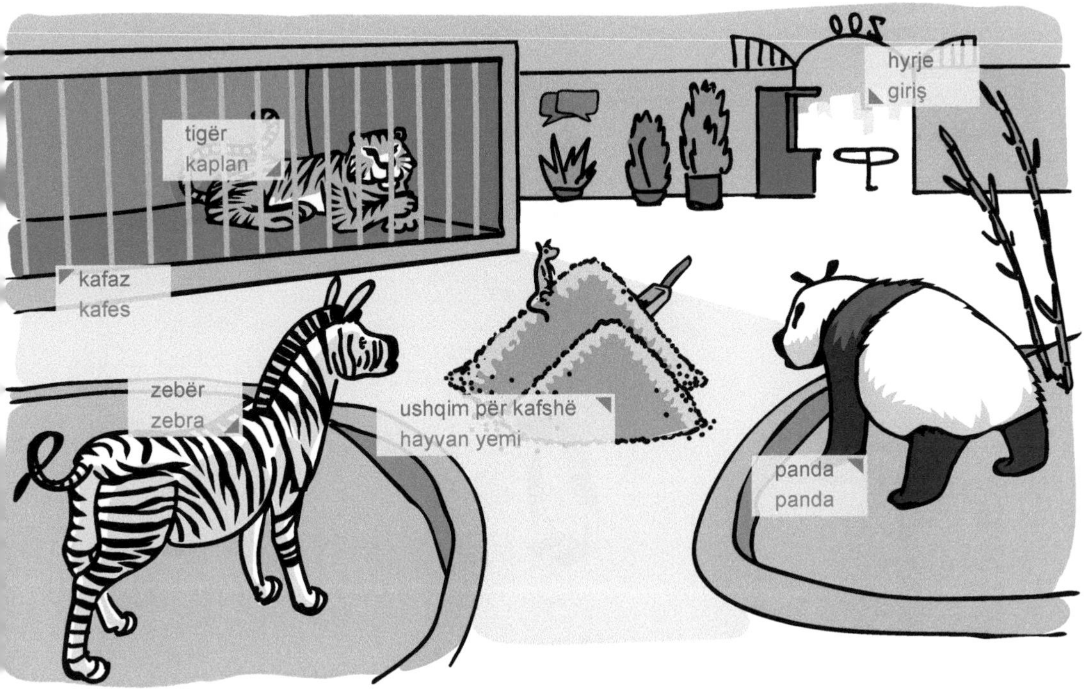
zoo
hyrje
giriş
tigër
kaplan
kafaz
kafes
zebër
zebra
ushqim për kafshë
hayvan yemi
panda
panda

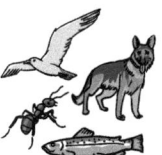

kafshë

hayvanlar

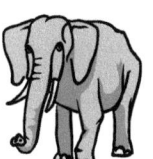

elefant

fil

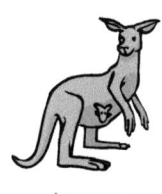

kangur

kanguru

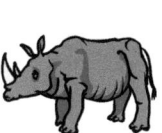

rinoceront

gergedan

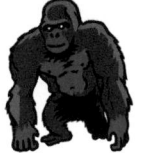

gorillë

goril

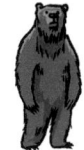

ari

ayı

deve

deve

struc

deve kuşu

luan

aslan

majmun

maymun

flamingo

flamingo

papagall

papağan

ari polar

kutup ayısı

pinguin

penguen

peshkaqen

köpek balığı

pallua

tavus kuşu

gjarpër

yılan

krokodil

timsah

punonjës i kopshtit zoologjik

hayvanat bahçesi görevlisi

fokë

fok

xhaguar

jaguar

poni

midilli atı

leopard

leopar

hipopotam

su aygırı

gjirafë

zürafa

shqiponjë

kartal

derr i egër

yaban domuzu

peshk

balık

breshkë

kaplumbağa

lopë deti

mors

dhelpër

tilki

gazelë

ceylan

futboll amerikan
amerikan futbolu

çiklizëm
bisiklete binme

tenis
tenis

basketboll
basketbol

not
yüzme

boks
boks

hokej mbi akull
buz hokeyi

futboll
futbol

badminton
badminton

atletikë
atletizm

hendboll
hentbol

ski
kayak

polo
polo

aktivitet
etkinlikler

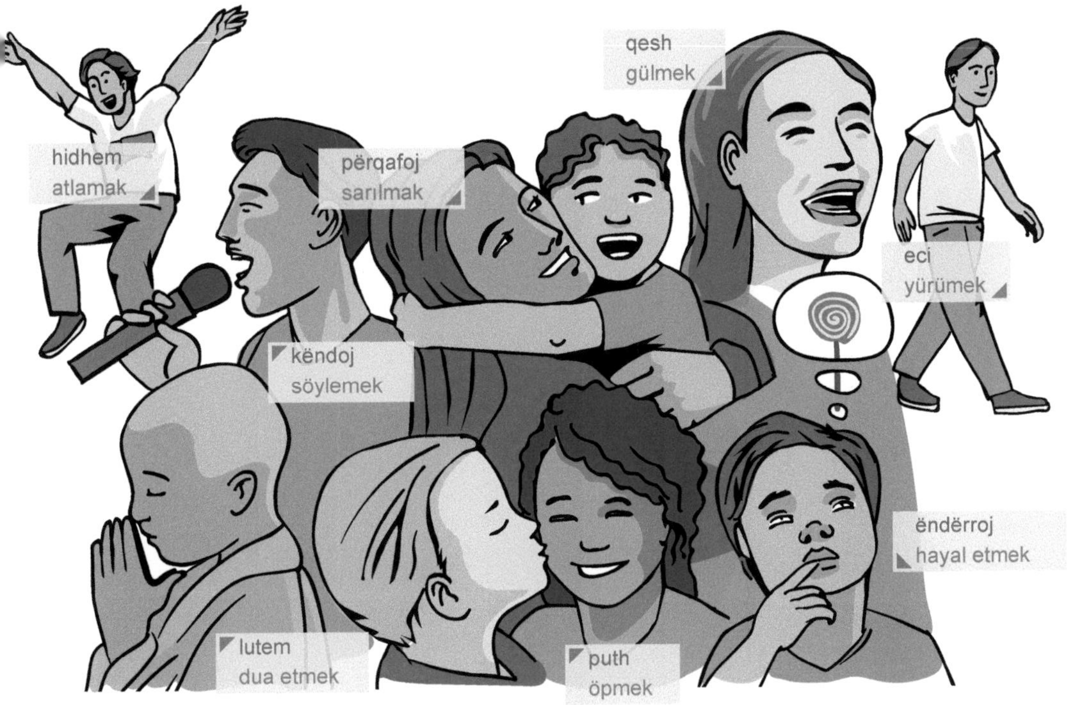
qesh
gülmek
hidhem
atlamak
përqafoj
sarılmak
eci
yürümek
këndoj
söylemek
ëndërroj
hayal etmek
lutem
dua etmek
puth
öpmek

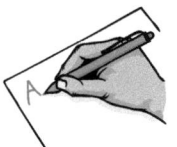

shkruaj

yazmak

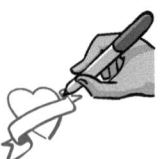

vizatoj

çizmek

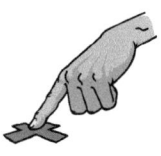

tregoj

göstermek

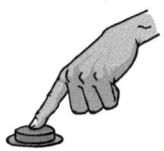

shtyj

itmek

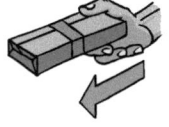

jap

vermek

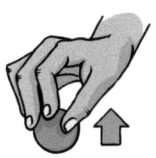

marr

almak

kam

sahip olmak

bëj

yapmak

jam

olmak

qëndroj

ayakta durmak

vrapoj

koşmak

tërheq

çekmek

hedh

atmak

bie

düşmek

shtrihem

yalan söylemek

pres

beklemek

mbaj

taşımak

ulem

oturmak

vishem

giyinmek

fle

uyumak

zgjohem

uyanmak

shikoj
bakmak

qaj
ağlamak

përkëdhel
vurmak

kreh
taramak

bisedoj
konuşmak

kuptoj
anlamak

kërkoj
sormak

dëgjoj
dinlemek

pi
içmek

ha
yemek

sistemoj
düzenlemek

dashuroj
sevmek

gatuaj
pişirmek

drejtoj makinën
sürmek

fluturoj
uçmak

aktivitet - etkinlikler

lundroj
denize açılmak

llogaris
hesapla

lexoj
okumak

mësoj
öğrenmek

punoj
çalışmak

martohem
evlenmek

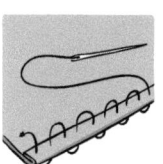

qep
dikmek

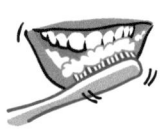

laj dhëmbët
diş fırçalamak

vras
öldürmek

tymos
sigara içmek

dërgoj
yollamak

aktivitet - etkinlikler

gjyshe
büyükanne

gjysh
büyükbaba

baba
baba

nënë
anne

bebe
bebek

vajzë
kız

djalë
oğul

mysafir

misafir

teze, hallë

teyze

dajë, xhaxha

amca

vëlla

erkek kardeş

motër

kız kardeş

trupi

vücut

balli
alın
syri
göz
fytyra
yüz
mjekra
çene
krahërori
göğüs
gishti
parmak
dora
el
krahu
kol
shpatulla
omuz
këmba
bacak

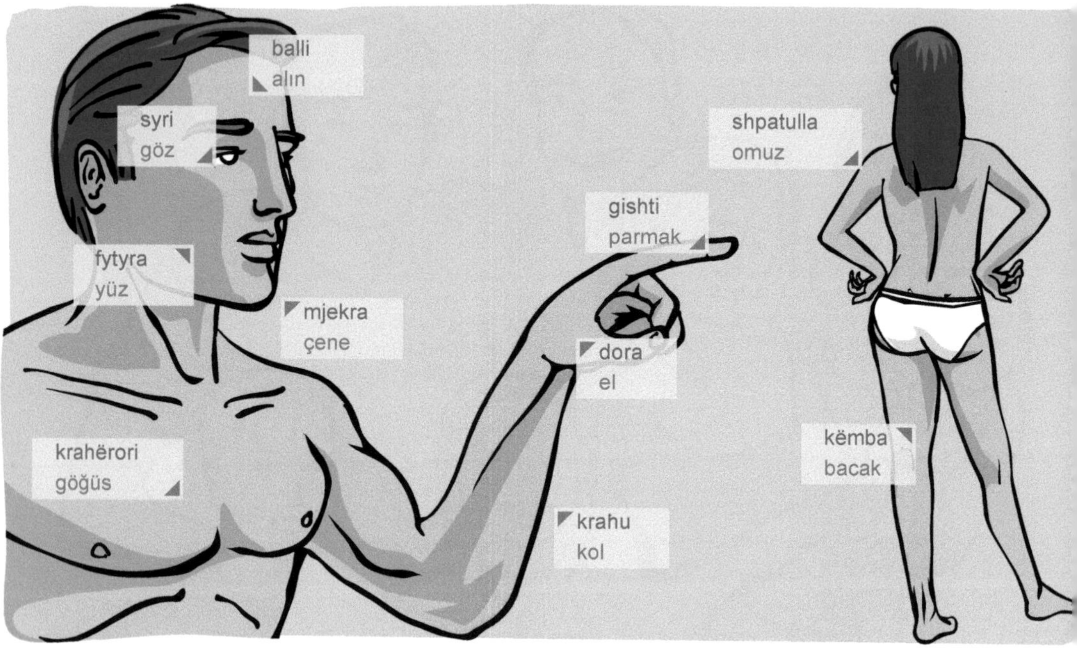

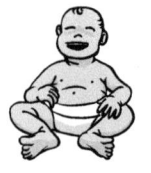

bebe

bebek

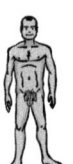

burrë

adam

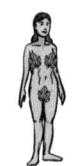

grua

kadın

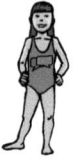

vajzë

kız

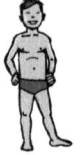

djalë

erkek çocuk

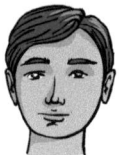

koka

baş

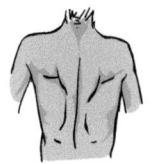

shpina
sırt

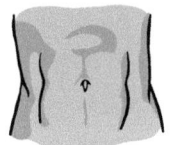

barku
karın

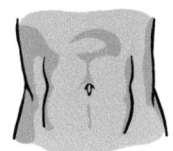

kërthiza
göbek

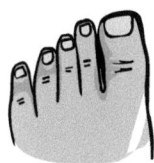

gisht këmbe
ayak parmağı

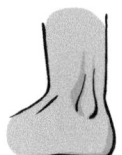

Thembra
topuk

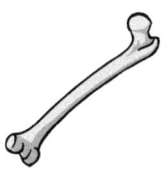

kockë
kemik

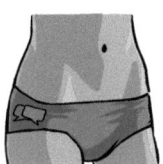

legeni
kalça

gjuri
diz

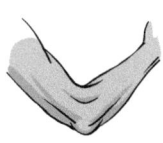

bërryli
dirsek

hunda
burun

vithe
kalça

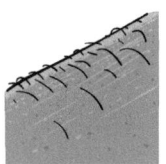

lëkura
deri

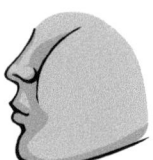

faqja
yanak

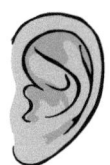

veshi
kulak

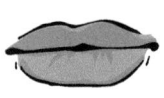

buza
dudak

goja

ağız

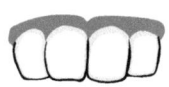

dhëmbët

diş

gjuha

dil

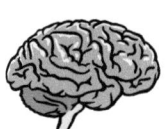

truri

beyin

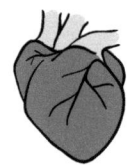

zemra

kalp

muskul

kas

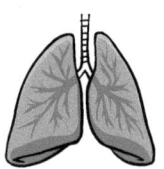

mushkëria

akciğer

mëlçia

karaciğer

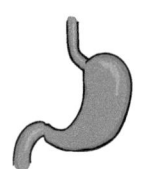

stomaku

mide

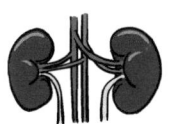

veshka

böbrekler

seks

seks

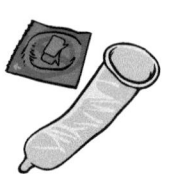

prezervativ

prezervatif

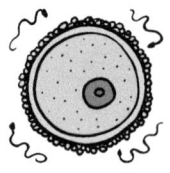

veza

yumurtalık

sperma

sperm

shtatëzani

hamilelik

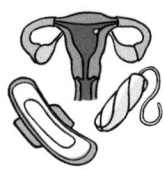

menstruacione
....
regl

vagina
....
vajina

penis
....
penis

vetulla
....
kaş

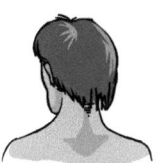

flokët
....
saç

qafa
....
boyun

spital
hastane

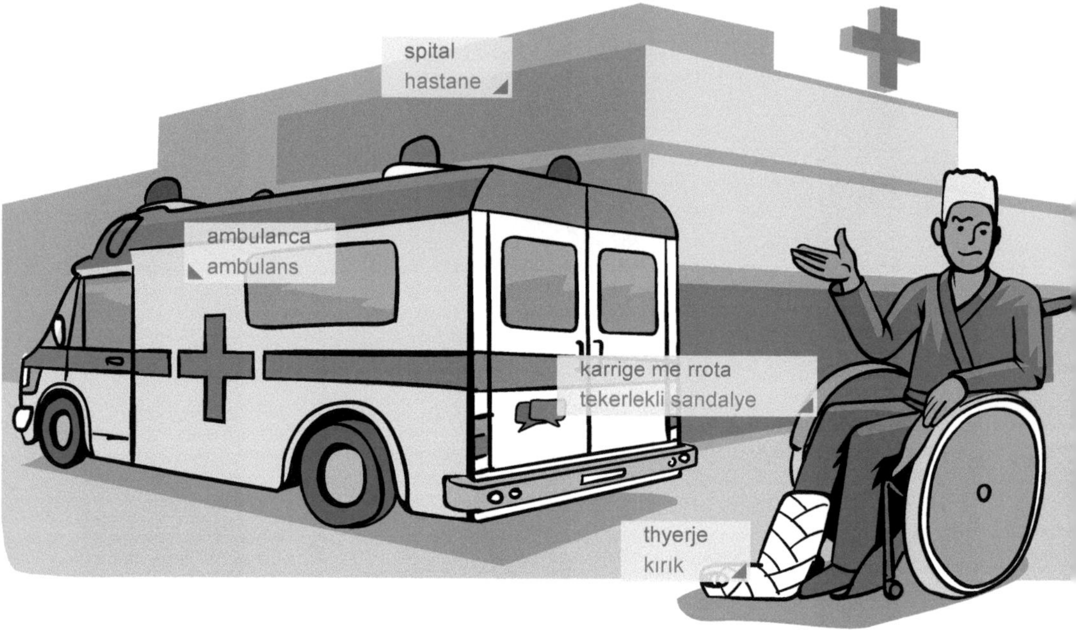

spital
hastane
ambulanca
ambulans
karrige me rrota
tekerlekli sandalye
thyerje
kırık

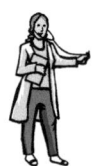

mjek

doktor

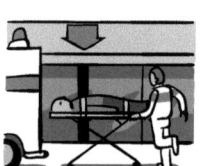

sallë urgjencash

acil servis

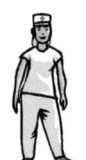

infermiere

hemşire

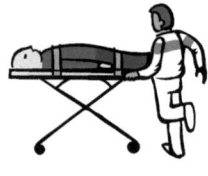

emergjencë

acil

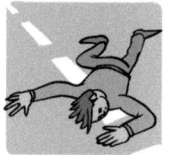

i pandërgjegjshëm

baygın

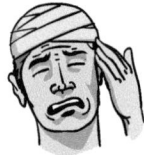

dhimbje

acı

dëmtim

yaralanma

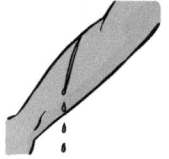

gjakosje

kanama

infarkt

kalp krizi

goditje

felç

alergji

alerji

kolla

öksürük

ethe

ateş

grip

grip

diarre

ishal

dhimbje koke

baş ağrısı

kancer

kanser

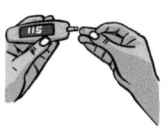

diabet

şeker hastalığı

kirurg

cerrah

bisturi

neşter

operacion

operasyon

CT (skaner)

bilgisayarlı tomografi

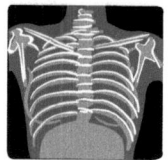

radiografi

röntgen

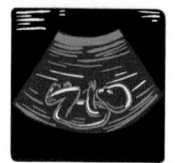

ultratingull

ultrason

maskë fytyre

yüz maskesi

sëmundje

hastalık

dhomë pritjeje

bekleme odası

paterica

koltuk değneği

leukoplast

yara bandı

fasho

bandaj

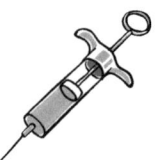

injeksion

enjeksiyon

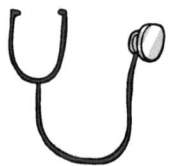

stetoskop

steteskop

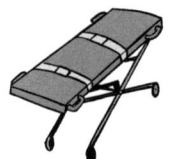

barelë

sedye

termometër

tıbbi termometre

lindje

doğum

mbipeshë

fazla kilo

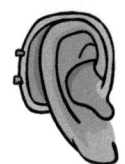

aparat dëgjimi

işitme cihazı

dezinfektant

dezenfektan

infeksion

enfeksiyon

virus

virüs

HIV / AIDS

HIV / AIDS

mjekësi, mjekim

ilaç

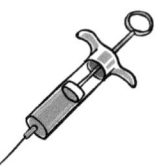

vaksinim

aşı

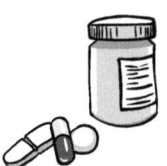

tableta

tablet

pilulë

hap

telefonatë emergjence

acil çağrı

aparat tensioni

tansiyon aleti

i sëmurë / i shëndetshëm

hasta / sağlıklı

Ndihmë!

İmdat!

alarm

alarm

sulm

darp

atak

saldırı

rrezik

tehlike

dalje emergjence

acil çıkış

Zjarr!

Yangın!

fikëse zjarri

yangın tüpü

aksident

kaza

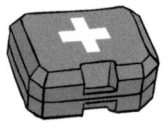

kuti e ndimës së shpejtë

ilk yardım çantası

SOS

imdat

policia

polis

Europa

Avrupa

Amerika e Veriut

Kuzey Amerika

Amerika e Jugut

Güney amerika

Afrika

Afrika

Azia

Asya

Australia

Avustralya

Atlantiku

Atlantik

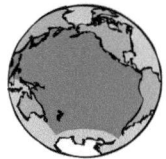

Paqësori

Pasifik

Oqeani Indian

Hint Okyanusu

Oqeani Antarktik

Antarktika Okyanusu

Oqeani Arktik

Arktik Okyanusu

Poli i veriut

Kuzey Kutbu

Poli i Jugut

Güney Kutbu

Antarktida

Antarktika

toka

dünya

tokë

kara

det

deniz

ishull

ada

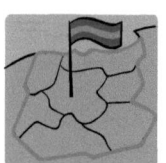

komb

ulus

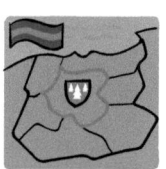

shtet

ülke

fusha e orës
....
kadran

akrepi i orës
....
akrep

akrepi i minutave
....
yelkovan

akrepi i sekondave
....
saniye ibresi

Sa është ora?
....
Saat kaç?

ditë
....
gün

kohë
....
zaman

tani
....
şimdi

orë dixhitale
....
dijital saat

minutë
....
dakika

orë
....
saat

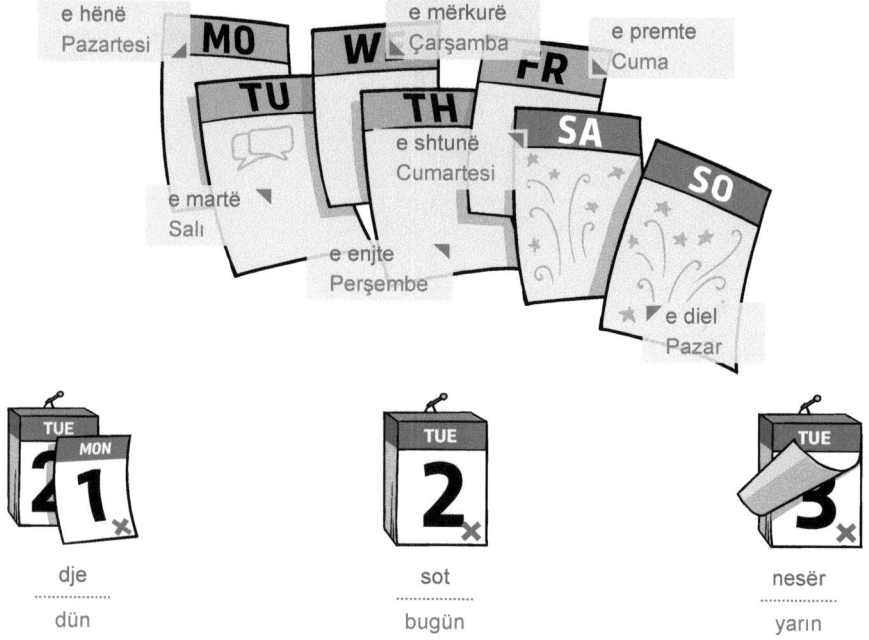

e hënë
Pazartesi

e mërkurë
Çarşamba

e premte
Cuma

e shtunë
Cumartesi

e martë
Salı

e enjte
Perşembe

e diel
Pazar

dje
....
dün

sot
....
bugün

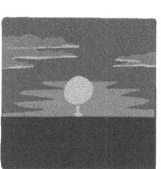

nesër
....
yarın

mëngjes
....
sabah

mesditë
....
öğle

mbrëmje
....
akşam

MO	TU	WE	TH	FR	SA	SU
1	2	3	4	5	6	7
8	9	10	11	12	13	14
15	16	17	18	19	20	21
22	23	24	25	26	27	28
29	30	31	1	2	3	4

ditë pune
....
iş günleri

MO	TU	WE	TH	FR	SA	SU
1	2	3	4	5	6	7
8	9	10	11	12	13	14
15	16	17	18	19	20	21
22	23	24	25	26	27	28
29	30	31	1	2	3	4

fundjavë
....
hafta sonu

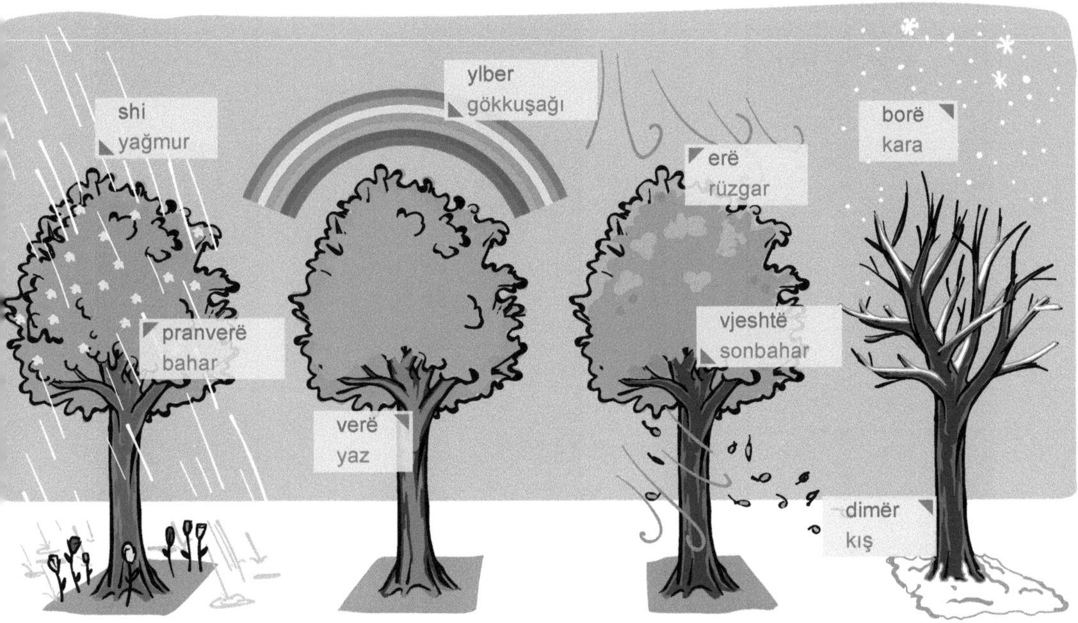

shi
yağmur

ylber
gökkuşağı

borë
kara

erë
rüzgar

pranverë
bahar

vjeshtë
sonbahar

verë
yaz

dimër
kış

4.APRIL	11°	☀
5.APRIL	4°	⛅
6.APRIL	13°	⛅
7.APRIL	8°	☀
8.APRIL	10°	☀

parashikimi i motit
....
hava durumu tahmini

termometër
....
termometre

ndriçim dielli
....
güneş ışığı

re
....
bulut

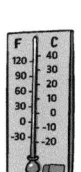

mjegull
....
sis

lagështi
....
nem

vetëtima

şimşek

gjëmim

gök gürültüsü

stuhi

fırtına

breshër

dolu

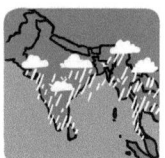

muson

muson

përmbytje

sel

akull

buz

janar

Ocak

shkurt

Şubat

mars

Mart

prill

Nisan

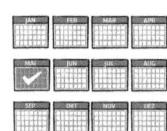

maj

Mayıs

qershor

Haziran

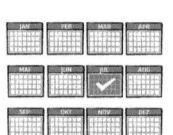

korrik

Temmuz

gusht

Ağustos

vit - yıl

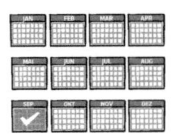

shtator
....
Eylül

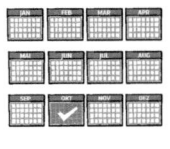

tetor
....
Ekim

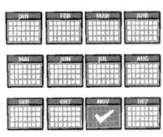

nëntor
....
Kasım

dhjetor
....
Aralık

forma
şekiller

rreth
....
daire

katror
....
kare

drejtkëndësh
....
dikdörtgen

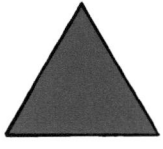

trekëndësh
....
üçgen

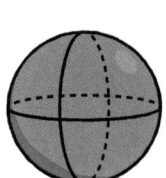

sferë
....
küre

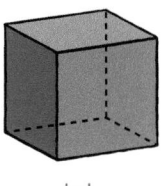

kub
....
küp

e bardhë

beyaz

e verdhë

sarı

portokalli

turuncu

rozë

pembe

e kuqe

kırmızı

vjollcë

mor

blu

mavi

e gjelbër

yeşil

kafe

kahverengi

gri

gri

e zezë

siyah

shumë / pak
çok / az

i nevrikosur / i qetë
kızgın / sakin

i bukur / i shëmtuar
güzel / çirkin

fillim / fund
başlangıç / son

i madh / i vogël
büyük / küçük

i ndritshëm / i errët
parlak / karanlık

vëlla / motër
erkek kardeş / kız kardeş

e pastër / e pistë
temiz / kirli

e plotë / jo e plotë
tamam / eksik

ditë / natë
gün / gece

gjallë / vdekur
ölü / canlı

i gjerë / i ngushtë
geniş / dar

i ngrënshëm / i
pangrënshëm
yenilebilir / yenilemez

i keq / i këndshëm
kötü / iyi

i lumtur / i mërzitur
heyecanlı / sıkılmış

i shëndoshë / i dobët
şişman / zayıf

e para / e fundit
ilk / son

mik / armik
dost / düşman

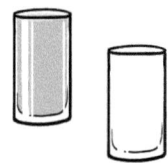

plot / bosh
dolu / boş

e fortë / e butë
sert / yumuşak

e rëndë / e lehtë
ağır / hafif

uri / etje
açlık / susuzluk

i sëmurë / i shëndetshëm
hasta / sağlıklı

e paligjshme / e ligjshme
yasa dışı / yasal

i zgjuar / budalla
zeki / aptal

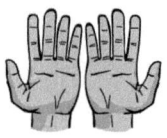

majtas / djathtas
sol / sağ

afër / larg
yakın / uzak

e re / e përdorur

yeni / kullanılmış

asgjë / diçka

hiçbir şey / bir şey

i moshuar / i ri

yaşlı / genç

ndezur / fikur

açma / kapama

hapur / mbyllur

açık / kapalı

i qetë / i zhurmshëm

sessiz / gürültülü

i pasur / i varfër

zengin / fakir

e drejtë / e gabuar

doğru / yanlış

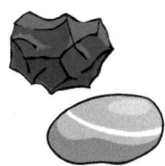

i ashpër / i butë

pürüzlü / düz

i mërzitur / i lumtur

üzgün / mutlu

i shkurtër / i gjatë

kısa / uzun

ngadalë / shpejt

yavaş / hızlı

i lagësht / i thatë

ıslak / kuru

ngrohtë / freskët

sıcak / serin

luftë / paqe

savaş / barış

0	**1**	**2**
zero	një	dy
sıfır	bir	iki

3	**4**	**5**
tre	katër	pesë
üç	dört	beş

6	**7**	**8**
gjashtë	shtatë	tetë
altı	yedi	sekiz

9	**10**	**11**
nentë	dhjetë	njëmbëdhjetë
dokuz	on	on bir

12
dymbëdhjetë
on iki

13
trembëdhjetë
on üç

14
katërmbëdhjetë
on dört

15
pesëmbëdhjetë
on beş

16
gjashtëmbëdhjetë
on altı

17
shtatëmbëdhjetë
on yedi

18
tetëmbëdhjetë
on sekiz

19
nentëmbëdhjetë
on dokuz

20
njëzetë
yirmi

100
qind
yüz

1.000
mijë
bin

1.000.000
milion
milyon

anglisht

İngilizce

anglishte amerikane

Amerikan İngilizcesi

kinezisht mandarin

Çince (Mandarin)

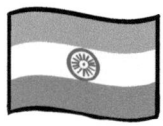

hindi

Hintçe

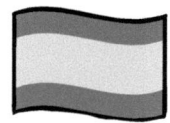

spanjisht

İspanyolca

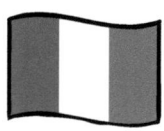

frëngjisht

Fransızca

arabisht

Arapça

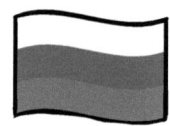

rusisht

Rusça

portugalisht

Portekizce

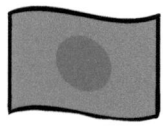

bengalisht

Bengalce

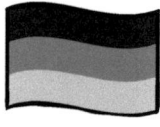

gjermanisht

Almanca

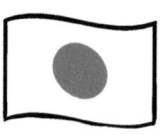

japonisht

Japonca

unë
ben

ti
sen

ai / ajo
o

ne
biz

ju
siz

ata
onlar

kush?
kim?

çfarë?
ne?

si?
nasıl?

ku?
nerede?

kur?
ne zaman?

emër
isim

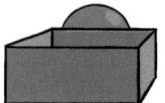

pas

arkasında

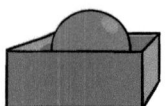

në

içinde

përballë

önünde

sipër

üzerinde

mbi

üstünde

poshtë

altında

pranë

yanında

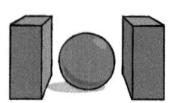

midis

arasında

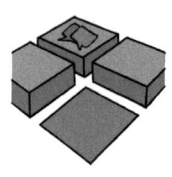

vend

yer